COUR DES COMPTES.

LOI du 16 septembre 1807, et DÉCRETS IMPÉRIAUX du 28 du même mois, relatifs à l'organisation de la Cour des Comptes, où se trouvent les noms des Présidens, des Maîtres des Comptes, des Référendaires, du Procureur général impérial, etc.; avec la désignation du traitement de chacun de ses Membres;

SUIVIS

De l'Exposé des motifs fait au Corps Législatif par les Orateurs du Conseil d'État, au nom de Sa Majesté l'Empereur et Roi; des Discours prononcés par les Orateurs du Tribunat; de ceux prononcés à l'installation de la Cour, par S. A. S. le Prince Archi-Trésorier de l'Empire, par le Procureur général impérial, et de celui adressé à S. A. S. par M. le premier Président.

PRIX 2 fr. 50 cent.

A PARIS,

AUX ARCHIVES DU DROIT FRANÇAIS,
RUE DE L'ÉCHELLE, N° 3, AU CARROUSEL.

COUR

DES COMPTES.

COUR DES COMPTES.

LOI du 16 septembre 1807, et Décrets impériaux du 28 du même mois, relatifs à l'Organisation de la Cour des Comptes, où se trouvent les noms des Présidens, des Maîtres des Comptes, des Référendaires, du Procureur général impérial, etc. avec la désignation du traitement de chacun de ses membres;

SUIVIS

De l'Exposé des Motifs fait au Corps-Législatif, par les orateurs du Conseil d'État, au nom de S. M. l'Empereur et Roi; des Discours prononcés par les orateurs du Tribunat; de ceux prononcés à l'Installation de la Cour, par S. A. S. le Prince Archi-Trésorier de l'Empire; par le Procureur général impérial; et de celui adressé à S. A. S. par M. le premier Président.

A PARIS,
AUX ARCHIVES DU DROIT FRANÇAIS,
RUE DE L'ÉCHELLE, N° 3, AU CARROUSEL.
1807.

LOI relative à l'Organisation de la Cour des Comptes.

Du 16 Septembre 1807.

NAPOLÉON, par la grâce de Dieu et les constitutions, EMPEREUR DES FRANÇAIS, ROI D'ITALIE, et PROTECTEUR DE LA CONFÉDÉRATION DU RHIN, à tous présens et à venir, SALUT.

LE CORPS LÉGISLATIF a rendu, le 16 septembre 1807, le décret suivant, conformément à la proposition faite au nom de l'Empereur, et après avoir entendu les orateurs du Conseil d'état et des sections du Tribunat le même jour.

DÉCRET.

TITRE Ier.

Organisation de la Cour des Comptes.

ARTICLE PREMIER.

Les fonctions de la comptabilité nationale seront exercées par une cour des comptes.

2.

La cour des comptes sera composée d'un premier président, trois présidens, dix-huit maîtres des comptes, de référendaires au nombre qui sera déterminé par le Gouvernement, un procureur général, et un greffier en chef.

3.

Il sera formé trois chambres; chacune composée d'un président, six maîtres aux comptes : le premier président peut présider chacune des chambres.

4.

Les référendaires sont chargés de faire les rapports; ils n'ont point voix délibérative. Les décisions seront prises, dans chaque chambre, à la majorité des voix; et, en cas de partage, la voix du président est prépondérante.

5.

Chaque chambre ne pourra juger qu'à cinq membres au moins.

6.

Les membres de la cour des comptes sont nommés à vie par l'Empereur. Les présidens pourront être changés chaque année.

7.

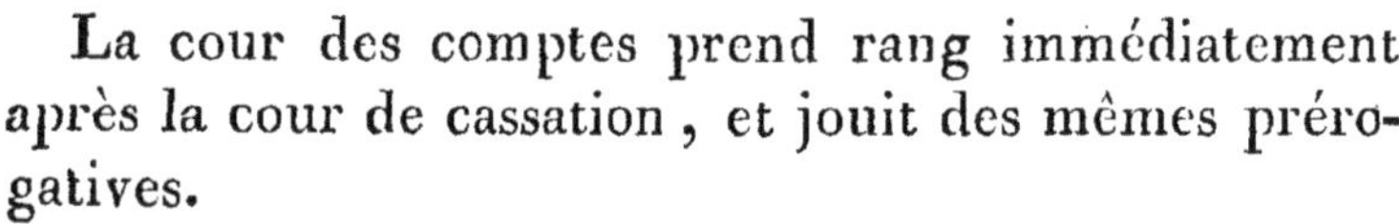

La cour des comptes prend rang immédiatement après la cour de cassation, et jouit des mêmes prérogatives.

8.

Le premier président, les présidens et procureur général, prêtent serment entre les mains de l'Empereur.

9.

Le prince archi-trésorier reçoit le serment des autres membres.

10.

Le premier président a la police et la surveillance générale.

TITRE II.

De la Compétence de la Cour des Comptes.

11.

La cour sera chargée du jugement des comptes, des recettes du trésor, des receveurs généraux de département et des régies et administration des contributions indirectes; des dépenses du trésor, des payeurs généraux, des payeurs d'armées, des divisions militaires, des arrondissemens maritimes et des départemens;

Des recettes et dépenses, des fonds et revenus spécialement affectés aux dépenses des départemens et des communes, dont les budgets sont arrêtés par l'Empereur.

12.

Les comptables des deniers publics en recettes et dépenses seront tenus de fournir et déposer leurs comptes aux greffes de la cour, dans les délais prescrits par les lois et réglemens; et, en cas de défaut ou de retard des comptables, la cour pourra les condamner aux amendes et aux peines prononcées par les lois et réglemens.

13.

La cour réglera et apurera les comptes qui lui seront présentés; elle établira par ses arrêts définitifs si les comptables sont quittes, ou en avance, ou en débet.

Dans les deux premiers cas, elle prononcera leur décharge définitive, et ordonnera main-levée et radiation des oppositions et inscriptions hypothécaires mises sur leurs biens à raison de la gestion dont le compte est jugé.

Dans le troisième cas, elle les condamnera à solder leur débet au trésor dans le délai prescrit par la loi.

Dans tous les cas, une expédition de ses arrêts sera adressée au ministre du trésor, pour en faire suivre l'exécution par l'agent établi près de lui.

14.

La cour, nonobstant l'arrêt qui auroit jugé définitivement un compte, pourra procéder à sa révision, soit sur la demande du comptable, appuyée de pièces justificatives recouvrées depuis l'arrêt, soit d'office, soit à la réquisition du procureur général, pour erreur, omission, faux ou double emploi reconnus par la vérification d'autres comptes.

15.

La cour prononcera sur les demandes en réduction, en translation d'hypothèques, formées par des comptables encore en exercice, ou par ceux hors d'exercice dont les comptes ne sont pas définitivement apurés, en exigeant les sûretés suffisantes pour la conservation des droits du trésor.

16.

Si, dans l'examen des comptes, la cour trouve des faux ou des concussions, il en sera rendu compte au ministre des finances, et référé au grand-juge ministre de la justice, qui fera poursuivre les auteurs devant les tribunaux ordinaires.

17.

Les arrêts de la cour contre les coupables seront exécutoires; et, dans le cas où un comptable se croiroit fondé à attaquer un arrêt pour violation des formes ou de la loi, il se pourvoira, dans les trois mois pour tout délai, à compter de la notification de l'arrêt, au Conseil d'état, conformément au réglement sur le contentieux.

Le ministre des finances, et tout autre ministre, pour ce qui concerne son département, pourront faire, dans le même délai, leur rapport à l'Empereur, et lui proposer le renvoi au Conseil d'état, de leurs demandes en cassation des arrêts qu'ils croiront devoir être cassés pour violation des formes ou de la loi.

18.

La cour ne pourra, en aucun cas, s'attribuer de juridiction sur les ordonnateurs, ni refuser aux payeurs l'allocation des paiemens par eux faits, sur des ordonnances revêtues des formalités prescrites, et accompagnées des acquits des parties prenantes et des pièces que l'ordonnateur aura prescrit d'y joindre.

TITRE III.

Des Formes de la Vérification et du Jugement des Comptes.

19.

Les référendaires seront tenus de vérifier, par eux-mêmes, tous les comptes qui leur seront distribués.

20.

Ils formeront sur chaque compte deux cahiers d'observations : les premières, relatives à la ligne de compte seulement, c'est-à-dire, aux charges et souffrances dont chaque article du compte leur aura paru susceptible, relativement au comptable qui le présente;

Les deuxièmes, celles qui peuvent résulter de la comparaison de la nature des recettes avec les lois, et de la nature des dépenses avec les crédits.

21.

La minute des arrêts est rédigée par le référendaire rapporteur, et signée de lui et du président de la chambre; elle est remise avec les pièces au greffier en chef; celui-ci la présente à la signature du premier président, et ensuite en fait et signe les expéditions.

22.

Au mois de janvier de chaque année, le prince archi-trésorier proposera à l'Empereur le choix de quatre commissaires, qui formeront, avec le premier président, un comité particulier chargé d'examiner les observations faites, pendant le cours de l'année précédente, par les référendaires. Ce comité discute ces observations, écarte celles qu'il ne juge pas fondées, et forme des autres l'objet d'un rapport, qui est remis par le président au prince archi-trésorier, lequel le porte à la connoissance de l'Empereur.

TITRE IV.

Dispositions transitoires.

Il pourra être formé une quatrième chambre temporaire, composée d'un président et six maîtres aux comptes pour les jugemens des comptes arriérés.

Il sera pourvu, par des réglemens d'administration publique, à l'ordre du service de la cour des comptes, et à toutes les mesures d'exécution de la présente.

Collationné à l'original, par nous président et secrétaires du Corps législatif. Paris, le 16 septembre 1807. *Signé* FONTANES, *président;* MICHELET-ROCHEMONT, CHAPPUIS, J. V. DUMOLARD, MILSCENT, *secrétaires.*

MANDONS et ordonnons que les présentes, revêtues des sceaux de l'État, insérées au Bulletin des lois, soient adressées aux Cours, aux Tribunaux et aux autorités administratives, pour qu'ils les inscrivent dans leurs registres, les observent et les fassent observer; et notre Grand-Juge Ministre de la justice est chargé d'en surveiller la publication.

Donné en notre palais impérial de Fontainebleau, le 26 septembre 1807.

Signé NAPOLÉON.

Vu par nous Archi-Chancelier de l'Empire,

Signé CAMBACÉRÈS.

Le Grand-Juge Ministre de la justice,
Signé REGNIER.

Par l'Empereur :
Le Ministre Secrétaire d'état,
Signé HUGUES B. MARET.

DÉCRET IMPÉRIAL,

Contenant Organisation de la Cour des Comptes.

Au palais de Fontainebleau, le 28 septembre 1807.

NAPOLÉON, EMPEREUR DES FRANÇAIS, ROI D'ITALIE, et PROTECTEUR DE LA CONFÉDÉRATION DU RHIN;

Sur le rapport de notre ministre de finances;

Notre Conseil d'Etat entendu,

NOUS AVONS DÉCRÉTÉ et DÉCRÉTONS ce qui suit:

TITRE Ier.

De la Nomination et de l'Installation des membres de la Cour.

ARTICLE PREMIER.

NOTRE cousin le prince archi-trésorier de l'Empire installera la cour des comptes, au lieu où la comptabilité tenoit ses séances.

2.

Les maîtres des comptes et les référendaires qui seront nommés pour la première organisation, exerceront leurs fonctions pendant cinq ans, après lesquels ils recevront nos lettres de nomination à vie, si, d'après cette épreuve, nous jugeons qu'ils aient justifié nos espérances.

TITRE II.

Division des Chambres.

3.

La première chambre sera chargée du jugement des comptes relatifs aux recettes publiques;

La deuxième, du jugement des comptes relatifs aux dépenses publiques;

La troisième, de juger les comptes des recettes et dépenses des départemens et des communes dont les budgets sont arrêtés par nous.

4.

Les dix-huit maîtres des comptes seront distribués entre les trois chambres par le premier président.

5.

S'il survient, au jugement d'un compte, des difficultés qui présentent une question générale, le président de la chambre en informera le premier président, qui en référera au ministre des finances, pour y être pourvu, s'il y a lieu.

6.

Chaque chambre se formera en bureau.

7.

Un référendaire ne pourra être chargé deux fois de suite de la vérification de comptes du même comptable.

De même, un maître des comptes ne pourra être nommé deux fois de suite rapporteur de comptes du même comptable.

8.

Le premier président présidera chaque chambre toutes les fois qu'il le jugera convenable.

9.

S'il se trouve dans le cas d'être suppléé pour des fonctions qui lui sont spécialement attribuées, il sera remplacé par le plus ancien des présidens.

10.

Les présidens seront, en cas d'empêchement, remplacés, pour le service des séances, par le doyen de la chambre.

11.

En cas d'empêchement d'un maître des comptes, il sera, pour compléter le nombre indispensable, remplacé par un maître d'une autre chambre qui ne tiendroit pas séance, ou qui se trouveroit avoir plus que le nombre nécessaire.

12.

En cas de vacance d'une place de maître des comptes, le premier président en donnera avis à notre ministre des finances, qui joindra à sa présentation une liste de dix référendaires distingués par leur talent et leur zèle.

13.

Nul ne pourra être président, maître des comptes ou procureur général, s'il n'est âgé de trente ans accomplis.

TITRE III.

Des Référendaires.

14.

Le nombre des référendaires est provisoirement fixé à quatre-vingt; ils seront divisés en deux classes, savoir, dix-huit de la première, et soixante-deux de la seconde.

On ne pourra être de la première classe, si l'on n'a été de la seconde au moins deux ans.

On passera de la deuxième classe à la première, moitié par ancienneté et moitié par le choix du Gouvernement.

15.

Nul ne pourra être référendaire s'il n'est âgé de vingt-cinq ans accomplis.

16.

L'ordre des nominations dans chaque classe établira le rang entre eux.

17.

Les référendaires ne seront spécialement attachés à aucune chambre.

18.

Les référendaires de première classe assisteront, à tour de rôle, et en nombre égal à celui des maîtres, aux cérémonies publiques et aux députations.

19.

Le premier président fera entre les référendaires la distribution des comptes, et indiquera la chambre à laquelle le rapport devra être fait.

20.

Les réclamations sur l'attribution ou sur les retards des rapports seront portées devant le premier président, qui y statuera.

Les attributions générales déterminées par l'article 3 n'empêcheront pas que le président ne puisse, suivant que l'exigera l'expédition des affaires, renvoyer à une chambre des rapports qui ne seroient pas dans ses attributions spéciales.

21.

Les référendaires pourront entendre les comptables, ou leurs fondés de pouvoirs, pour l'instruction des comptes : la correspondance sera préparée par eux, et remise au président de la chambre où devra être fait le rapport, qui, s'il l'approuve, la fera expédier par le greffier.

22.

Lorsqu'un compte exigera que plusieurs référendaires concourent à sa vérification, le premier président désignera un référendaire de première classe qui sera chargé de présider à ce travail, de recueillir les cahiers d'observations de chaque référendaire, et de faire le rapport à la chambre. Tous les référendaires qui auront pris part au travail des vérifications, seront tenus d'assister aux séances de la chambre pendant le rapport.

23.

Il sera disposé des salles de travail, où se réuniront, pour la vérification des comptes qui l'exigeront, les référendaires chargés d'en faire en commun la vérification.

24.

Après la vérification terminée, les référendaires rédigeront, pour chaque compte, un rapport raisonné, dans lequel ils présenteront la composition des recettes et des dépenses; ils releveront toutes les difficultés relatives à la ligne de compte seulement, proposeront les forcemens de recettes, les radiations de dépenses, et les charges qu'ils jugeront devoir être établies contre les comptables; ils formeront la balance des comptes; ils présenteront le résultat final de leur opération; ils remettront particulièrement le deuxième cahier d'observations prescrit par l'article 20 de la loi du 16 septembre, au maître auquel, conformément à l'article 28 ci-après, le rapport du référendaire aura été distribué.

25.

Les référendaires, aussitôt qu'ils auront préparé un rapport, en remettront note au greffe, qui tiendra un registre particulier pour chaque chambre, par ordre de numéros.

26.

Les référendaires seront appelés à faire leur rapport suivant le tour de rôle : pourra néanmoins le président de la chambre donner la préférence au rapport d'une affaire urgente.

27.

Le compte, les bordereaux dressés de recettes et de dépenses, et le rapport et les pièces, seront mis sur le bureau pour y avoir recours au besoin.

28.

Le rapport du référendaire terminé, le président de la chambre en fera la distribution à un maître, qui sera tenu,

1°. De vérifier si le référendaire a fait lui-même le travail auquel il étoit tenu;

2°. Si les difficultés élevées par les référendaires sont fondées;

3°. Enfin, d'examiner par lui-même les pièces au soutien de quelques chapitres du compte, pour s'assurer que le référendaire en a soigneusement vérifié toutes les parties.

Le président de la chambre nommera, en même temps que le maître rapporteur, deux ou un plus grand nombre de référendaires, s'il est nécessaire, lesquels seront chargés de vérifier si les cahiers établis par le référendaire rapporteur l'ont été exactement, et d'en rendre compte au maître rapporteur.

29.

Le maître fera à la chambre un rapport motivé, sur tout ce qui sera relatif à la ligne de compte seulement, et il remettra particulièrement au premier président le deuxième cahier des observations du référendaire, avec ses observations personnelles, s'il y a lieu, pour en être par le premier président fait l'usage prescrit par la loi du 16 septembre; les référendaires qui auront concouru à la première vérification, y assisteront.

30.

Nul ne prendra la parole dans les discussions et délibérations, sans l'avoir obtenue du président.

31.

Le référendaire rapporteur donnera son avis, qui ne sera que consultatif; le maître rapporteur opinera, et chaque maître successivement, dans l'ordre de sa nomination.

Si différens avis sont ouverts, on ira une deuxième

fois aux opinions ; et les maîtres qui voudroient auparavant faire des observations nouvelles, pourront être autorisés par le président : il recueillera les opinions après que la discussion sera terminée, et prononcera l'arrêt.

32.

Le président de la chambre tiendra ou fera tenir, pendant le rapport, par l'un des maîtres, la minute du compte soumis au jugement de la chambre ; et chaque décision sera portée sommairement à la marge de l'article du compte auquel elle se rapporte.

33.

Après que les arrêts définitifs sur chaque compte seront rendus, et les minutes signées, le compte et les pièces seront remis par le rapporteur au greffier en chef, qui fera mention des arrêts sur la minute du compte, et déposera le tout aux archives.

34.

Il sera dressé, le dernier jour de chaque mois, par le greffier en chef, un relevé de tous les comptes qui avoient été distribués avant le mois aux référendaires, et dont ils n'ont pas fait le rapport. Cet état sera présenté au premier président, et communiqué au procureur général, pour y être pourvu suivant l'exigence des cas.

35.

Le premier président pourra appeler ceux des référendaires qui ne rempliront pas leur devoir, et leur donner les avertissemens nécessaires.

Il pourra même, en cas de récidive, après avoir entendu le référendaire en présence des présidens et du procureur général, le censurer.

Enfin, si, par la gravité des circonstances, il y a lieu à la privation temporaire de traitemens ou à la suspension de fonctions, il en fera son rapport au ministre des finances.

TITRE IV.

Ministère public.

36.

Le procureur général ne peut exercer son ministère que par voie de réquisition.

37.

Il fera dresser un état général de tous ceux qui doivent présenter leurs comptes à la cour. Il s'assurera si ou non ils sont exacts à les présenter dans les délais fixés par les lois et réglemens ; et requerra, contre ceux en retard, l'application des peines.

38.

Il s'assurera si les chambres tiennent régulièrement leurs séances, si les référendaires font exactement leur service ; et, en cas de négligence, il adressera au premier président les réquisitions nécessaires pour y pourvoir.

39.

Il adressera au ministre du trésor public les expéditions des arrêts de la cour, et suivra devant elle l'instruction et le jugement des demandes à fin de révision pour cause d'erreurs, omissions, faux ou doubles emplois reconnus à la charge du trésor public, des départemens ou des communes.

40.

Toutes les demandes en main-levée, réduction et translation d'hypothèques, seront communiquées au procureur général, avant d'y être statué.

41.

Toutes les fois qu'un référendaire élevera contre un comptable une prévention de faux ou de concussion, le procureur général sera appelé en la chambre, et entendu dans ses conclusions avant d'y être statué.

42.

Notre procureur général pourra prendre communication de tous les comptes dans l'examen desquels il croira son ministère nécessaire, et la chambre pourra même l'ordonner d'office.

43.

En cas d'empêchement du procureur général, les fonctions du ministère public seront momentanément remplies par celui des maîtres des comptes que le ministre des finances désignera.

44.

Le procureur général est tenu de correspondre avec les ministres sur les demandes qu'ils pourront lui faire de renseignemens pour l'exécution des arrêts, les main-levées, radiations ou restrictions des séquestres, saisies, oppositions et inscriptions hypothécaires, et remboursemens d'avances des comptables.

TITRE V.

Du Greffe, des Archives, et des Huissiers.

45.

Le greffier en chef doit être âgé de trente ans accomplis.

46.

Il assistera aux assemblées générales, et y tiendra la plume.

47.

Il est chargé de tenir les différens registres et celui des délibérations de la cour.

48.

Il est chargé de veiller à la garde et conservation des minutes des arrêts, d'en faire faire les expéditions, et de la garde des pièces qui lui sont confiées et de tous les papiers du greffe.

49.

Les comptes déposés par les comptables seront enregistrés par ordre de dates et de numéros, du jour qu'ils seront présentés.

50.

Le greffe de la cour sera ouvert tous les jours, excepté les dimanches et fêtes, aux heures fixées par le premier président.

51.

Les premières expéditions des actes et arrêts de la cour seront délivrées gratuitement aux parties. Les autres seront soumises à un droit d'expédition de 75 centimes par rôle. (*Art. 37 de la loi du 7 messidor an II. Décret du 18 août 1807.*)

52.

Le président de la chambre fera porter en marge des minutes des arrêts, les noms de tous les maîtres présens à la séance.

53.

Les expéditions exécutoires des arrêts de la cour seront rédigées ainsi qu'il suit :

« N [le prénom de l'Empereur], par la grâce de » Dieu et les constitutions de l'Empire, à tous présens » et à venir, salut.

» La cour des comptes a rendu l'arrêt suivant :

(*Ici copie de l'arrêt.*)

« Mandons et ordonnons à tous huissiers sur ce requis de mettre » ledit arrêt à exécution, et à tous commandans et officiers de la force » publique, de prêter main-forte, lorsqu'ils en seront légalement requis.

» En foi de quoi, le présent arrêt a été signé par le premier président » de la cour et par le greffier ».

54.

Le greffier signera et délivrera les certificats collationnés et extraits de tous les actes émanant du greffe, des archives et dépôts, et la correspondance avec les comptables.

En cas d'empêchement, le président commettra un commis greffier.

55.

Il sera nommé, sur la présentation du greffier en chef, le nombre de commis nécessaire à son service.

56.

Il y aura, près la cour, des huissiers au nombre nécessaire pour son service.

TITRE VI.

Des Traitemens.

57.

Les traitemens des membres de la cour sont fixés comme il suit :

Au premier président	30,000 fr.
Au procureur général	20,000
A chacun des présidens	20,000
A chacun des maîtres des comptes	15,000
A chaque référendaire de première classe	6,000
Idem de seconde classe	2,400
Au greffier en chef	12,000

58.

La moitié des traitemens ci-dessus fixés pour le président de chaque chambre et les maîtres des comptes, sera réservée, mise en masse, et distribuée en droits d'assistance entre les maîtres présens, d'après le registre de pointes, qui sera tenu pour chaque chambre.

59.

Tous les jours de séance, chaque président de chambre et chaque maître seront tenus, avant l'heure fixée pour commencer la séance, de s'inscrire sur le registre de pointes, qui sera arrêté et signé, avant l'ouverture, par le président de la chambre ou par le maître qui le remplacera.

60.

Les droits d'assistance n'appartiendront qu'aux membres présens : néanmoins les absens pour cause de maladie dûment attestée, ne perdront point leur droit d'assistance; mais ils ne participeront à aucun accroissement.

61.

Les absens, pour quelque autre cause que ce soit, même par congé, ne jouiront point, pendant leur absence, des droits d'assistance, et ne participeront point à ceux qui seront distribués en raison de l'absence des autres.

L'absent ne pourra s'excuser sur ce que les maîtres se seroient trouvés en nombre suffisant.

Celui qui ne se sera pas inscrit à l'heure prescrite, perdra son droit d'assistance à cette séance, lors même qu'il y auroit assisté.

62.

Le président de chaque chambre ne pourra s'excuser, par aucun motif, lorsque l'ouverture des séances n'aura pas été faite à l'heure prescrite; et si alors le nombre des maîtres est incomplet, il devra sur-le-champ s'occuper de les remplacer.

63.

Il sera dressé, au commencement de chaque mois, par le greffier, un procès-verbal de répartition des sommes qui, pour défaut d'assistance, seront à distribuer entre ceux qui y auront droit : ce procès-verbal sera communiqué au procureur général, et, sur ses conclusions, arrêté par le premier président.

64.

Une somme de quatre cent mille francs sera employée en distributions, à titre de préciput et de récompense de travaux, à ceux des référendaires qui l'auront mérité.

65.

A cet effet, il sera rédigé par la cour un projet de réglement, qui sera présenté au ministre des finances, et par lui soumis à notre approbation.

TITRE VII.

Des Costumes.

66.

Les présidens et le procureur général porteront,

aux assemblées des chambres et cérémonies, la robe de velours noir avec hermine;

Les maîtres des comptes, la robe de satin noir;

Les référendaires et le greffier, la robe de soie noire.

TITRE VIII.

Des Congés.

67.

Les membres de la cour seront tenus de résider à Paris; le défaut de résidence sera considéré comme absence.

68.

Le premier président n'accordera pas de congé de plus de huitaine; les demandes de congés plus longs seront faites au ministre des finances.

69.

Le premier président n'accordera de congé que pour cause nécessaire, et qu'autant que l'absence de celui qui le demandera ne fera point manquer le service. Dans le cas où le congé doit être demandé au ministre, on devra attacher à la demande les conclusions du procureur général, et l'avis du premier président que le service ne souffrira point de l'absence.

70.

Celui qui auroit été nommé membre de la cour, et qui ne s'y rendra pas dans le délai de deux mois après la date de sa nomination, et celui qui s'absentera de la cour pendant plus de deux mois, seront considérés comme démissionnaires, à moins qu'ils n'aient obtenu une permission ou congé.

71.

Les congés ne pourront être accordés s'il n'y a plus des deux tiers des membres de la cour présens.

TITRE IX.

Dispositions générales.

72.

Les dépenses de la cour des comptes seront ordonnancées par notre ministre des finances.

73.

Le premier président, après avoir pris l'avis des présidens, et entendu les conclusions du procureur général, arrêtera l'état des menues dépenses de la cour et du greffe ; il le remettra à notre ministre des finances pour être soumis à notre approbation.

74.

Lorsqu'une nouvelle nomination sera faite, le pourvu présentera nos lettres de nomination au premier président de la cour, qui en donnera communication à notre procureur général; et celui-ci prendra les ordres du prince archi-trésorier sur les jour et heure pour son admission au serment.

75.

Après le serment prêté, le nouveau pourvu sera reçu à la cour, chambres assemblées.

76.

Les registres et papiers de l'ancienne commission de comptabilité seront remis et déposés par état et bref inventaire au greffier en chef de la cour.

77.

Tous les commis et employés qui ne seront pas appelés à de nouvelles fonctions salariées, recevront leur traitement ordinaire, à titre d'indemnité, au moins pendant trois mois.

78.

Les huissiers du Tribunat passeront au service de la cour des comptes, aux traitemens dont ils jouissent.

79.

Notre grand-juge ministre de la justice et nos ministres des finances et du trésor public sont chargés de l'exécution du présent décret.

Signé NAPOLÉON.

Par l'Empereur :

Le Secrétaire d'état, signé HUGUES B. MARET.

Un Décret rendu par Sa Majesté, en son Palais impérial de Fontainebleau, le 28 septembre 1807, contient les nominations suivantes :

COUR DES COMPTES.

MM.

Barbé-Marbois, premier président.

Jard-Panvilliers, Delpierre, Briere-Surgy, présidens.

MAÎTRES DES COMPTES.

MM. Malès.
Mouricault.
Perrée.
Pinteville-Cernon.
Duvidal.

MM. Carret.
Tarrible.
Drouet.
Guillemain de Vaivres.

PROCUREUR-GÉNÉRAL IMPÉRIAL.

M. Garnier.

GREFFIER EN CHEF.

M. Pajot.

Un Décret rendu par Sa Majesté, en son Palais impérial de Fontainebleau, le 28 septembre 1807, contient les nominations suivantes:

COUR DES COMPTES.

RÉFÉRENDAIRES DE PREMIÈRE CLASSE.

MM. Michelin.
Guillaume.
Hullin-Boischevalier.
Percheron.
L'Huillier.
Gillot.

MM. Duclos.
Finot.
Degombert.
Deleville.
Gavot.
Truet.

RÉFÉRENDAIRES DE DEUXIÈME CLASSE.

MM. Luzier-Lamotte.
Sahut.
Perrier-Trémémont.
Fourmantin.
Carré.
Crassous.
Regardin, le jeune.
Montchanin.
Thibault.
Delaistre.
Gigaut de la Salle.

MM. Bartouilh.
Saint-Didier.
Barthelemy.
Duparc.
Faucond.
Pernot.
Bralle.
Duriez.
Prin.
Dérigny.
Duchesne.

MM. Lewal.
Pierret.
Vial.
Carant.
Colleau.
Alliz.
Lemaître.
Régnier, l'aîné.
Dubreuil.
Héroux.
Roualle, aîné.
Bouchard.
Dalbaret.

MM. Parizot.
Hamarc de la Borde.
Leroux.
Maugirard.
Farjon.
Montfouilloux.
Courel.
Valadon.
Dusommerard.
Dupont.
Bagot.
Beaulieux.
Villeneuve-Bargemont.

MOTIFS du projet de Loi portant création d'une Cour des Comptes, exposés au Corps Législatif par M. Defermon, orateur du Conseil d'Etat.

MESSIEURS,

En portant successivement ses regards sur toutes les parties de l'administration, en les arrêtant avec sa rare sollicitude sur les moyens d'assurer les recettes nécessaires au service public, et d'en régulariser les dépenses, l'EMPEREUR ne pouvoit manquer de les fixer sur la comptabilité des unes et des autres.

Une partie aussi importante a été, depuis long-temps, l'objet de ses méditations; mais, tantôt détourné par les soins d'une guerre nouvelle et inattendue, tantôt arrêté par l'inquiétude de n'avoir pas assez recueilli les leçons de l'expérience, pour jeter les bases d'un système durable de comptabilité, il avoit jusqu'ici ajourné le projet que nous venons vous soumettre.

On a recherché ce qu'étoient les anciennes chambres des comptes, et les rapports que pouvoit avoir leur système avec nos principes constitutionnels.

Douze chambres des comptes existoient en France, avant la révolution; elles étoient des cours de justice; on les érigea en cours souveraines; comme dans les autres parties de l'ordre judiciaire, les fonctions de leurs magistrats avoient été érigées en offices vénaux et inamovibles.

La multiplicité de ces chambres, et le grand nombre de leurs magistrats, tenoient, ou au respect qu'on avoit eu pour les priviléges de certaines provinces, ou à l'esprit de fiscalité qui avoit cherché dans la création et la vénalité des offices, des ressources éphémères.

Leurs attributions étoient très-étendues; outre le jugement des comptes, ces chambres étoient chargées de la conservation du domaine de la couronne, sous les rapports de la féodalité et de la suzeraineté; c'est de-là qu'elles faisoient rendre les aveux des fiefs qui relevoient de la couronne; elles connoissoient des aliénations ou échanges des domaines, de leur usurpation et de ce qui pouvoit intéresser leur conservation; aussi avoient-elles l'enregistrement des arrêts du conseil et des lettres patentes sur tout ce qui étoit relatif au domaine : elles étoient même appelées à concourir au jugement de tous les crimes de faux, de concussions et de dilapidations de deniers publics dont étoient prévenus les percepteurs de ces deniers.

On a examiné s'il falloit rétablir des Cours des comptes avec une autorité judiciaire, ou s'en tenir à organiser une autorité administrative.

L'examen approfondi de cette question a amené à considérer s'il convenoit ou non de laisser aux tribunaux ordinaires le jugement des questions de propriété, qui peuvent intéresser le domaine : car, Messieurs, il ne peut plus s'élever de contestations de féodalité, et on est resté convaincu que les questions de propriété ne pouvoient être mieux discutées, mieux approfondies et mieux jugées, que par les tribunaux ordinaires sans cesse occupés de ces questions importantes.

On n'a donc point vu le besoin de rétablir à cet égard, des Cours des comptes avec une autorité judiciaire.

En bornant aussi les fonctions de la Cour des comptes, à recevoir et juger les comptes des comptables de deniers publics, on n'a plus trouvé dans cette institution qu'une autorité administrative qui, par ses rapports avec le trésor public, et les autres parties de l'administration qui pourront l'éclairer et faciliter ses recherches sur la gestion des comptables, pourra faire connoître au Gouvernement tous les abus qu'il n'auroit pu prévenir ou découvrir.

Dès-lors, la question sur l'unité ou la multiplicité des Cours des comptes, a été facile à résoudre. C'est dans le rapprochement des comptes particuliers avec les comptes généraux, que l'on peut trouver le contrôle des uns et des autres; c'est en comparant l'apperçu des recettes et des dépenses présentées dans le budget de chaque année, avec les recettes et dépenses faites sur ce même exercice, que l'on peut juger encore si les vœux de la loi et du Gouvernement ont été remplis; et il seroit sinon impossible, au moins très-difficile d'atteindre ce but, si tous les comptes n'étoient pas présentés à la même Cour.

Cette vérité avoit été sentie lorsqu'on institua la Comptabilité nationale : elle fut seule chargée de recevoir et juger les comptes de toutes les recettes et dépenses publiques, et on ne peut qu'applaudir au zèle et au dévouement que ces commissaires ont apportés dans l'exercice de leurs fonctions. Il seroit injuste de leur reprocher de n'avoir pas apuré et jugé tous les comptes avec cette célérité qui a tout à-la-fois le double avantage de garantir au trésor public sa sûreté, et aux comptables leur tranquillité. Il suffit de se rappeler cette immensité de valeurs mensongères qui ont surchargé les comptes pendant le règne du papier-monnaie, et les dépenses de tous genres commandées par les circonstances pour reconnoître que ce qui n'auroit nécessité qu'un travail ordinaire dans un temps de bonne administration, a dû alors entraîner des travaux au-dessus des forces communes.

La pensée seule, Messieurs, de remédier aux inconvéniens du passé, n'étoit pas suffisante; il falloit qu'elle embrassât aussi l'avenir : S. M. est bien convaincue que le plus grand inconvénient au maintien du bon ordre dans l'administration des finances, seroit la lenteur dans la présentation et le jugement des comptes.

Les retards font perdre de vue une foule de renseignemens qui concourent à prévenir les abus, ou à les faire découvrir; et quelle que soit l'attention de S. M. dans la distribution des fonds, ce n'est que par la vérification de leur emploi, qu'elle peut se flatter d'écarter toute espèce de dilapidations.

C'est dans ces vues, Messieurs, qu'a été rédigé le projet de loi sur la Cour des comptes, il donne à cette Cour, une organisation propre à l'entourer de la considération qu'exigent les importantes fonctions dont elle sera chargée; il lui donne un nombre de juges suffisans pour que les comptes soient promptement apurés et jugés.

La division en trois chambres, donnera toutes les facilités nécessaires pour accélérer les travaux; le nombre des référendaires qui pourra être plus ou moins considérable, suivant que l'importance du service l'exigera, ne permettra pas que les rapports soient retardés; les comptables intègres y trouveront l'avantage inappréciable d'obtenir promptement leur décharge, et les comptables infidèles seront bien plus promptement et bien plus facilement convaincus.

Le titre II sur la compétence de la Cour des comptes, ne lui donne pour attributions, que le jugement des comptes des recettes et dépenses publiques, et des recettes et dépenses des départemens et des communes, dont les budgets sont arrêtés par l'EMPEREUR.

Vous reconnoîtrez, Messieurs, dans ces attributions, les limites nécessaires pour que la Cour des comptes puisse parvenir au but que, par sa destination elle doit atteindre.

Les recettes et dépenses publiques en font sans doute l'objet principal ; mais les dépenses des départemens et des grandes communes, sont une partie si importante de l'administration de l'Empire, que vous ne serez pas étonnés que le Gouvernement se réserve sur cette partie, une surveillance directe.

La Cour pourra prononcer contre les comptables en défaut ou en retard de rendre leurs comptes, les amendes et les peines prononcées par les lois et réglemens; cette disposition est indispensable pour amener tous les comptables à remplir leur devoir.

Elle pourra reviser les comptes qu'elle aura jugés, lorsque de nouvelles pièces auront fait reconnoître des erreurs ou omissions, de faux ou doubles emplois ; et cette faculté de droit commun en matière de comptabilité, est autant à l'avantage des comptables, que du trésor public.

La Cour prononcera sur les demandes en réduction et translations d'hypothèques ; nulle autorité ne peut mieux, en effet, reconnoître la justice de ces demandes, que celle qui est appelée à prononcer sur la gestion des comptables.

Si dans l'examen des comptes, la Cour reconnoît des faux ou des concussions, elle en doit instruire le ministre grand-juge et le ministre des finances ; celui-ci, afin qu'il puisse prendre de suite contre les comptables, les mesures que commande l'intérêt du trésor public; celui-là, afin qu'il fasse poursuivre devant les tribunaux ordinaires, les comptables ; et par cette double précaution, tous les intérêts sont conservés, la Cour des comptes n'est point détournée de ses travaux, les intérêts du trésor public ne sont point exposés à rester entre des mains infidèles, et les prévenus peuvent faire valoir devant leurs juges ordinaires, tout ce qui peut justifier leur innocence.

Les arrêts de la Cour sont exécutoires; mais les comptables qui se croiroient fondés à réclamer pour violation des formes, ou de la loi, sont autorisés à se pourvoir dans un délai déterminé, au Conseil d'Etat, et la même voie est ouverte au ministre.

Ce recours est ici, comme en toute matière administrative, un remède contre les erreurs inséparables de la foiblesse humaine; sans doute on en verra peu d'exemples : la Cour des comptes se fera distinguer par ses lumières et son intégrité. Mais si l'on a reconnu la nécessité d'une Cour de cassation pour remédier aux erreurs des tribunaux ordinaires, il n'étoit pas moins indispensable de donner un recours contre celles de la Cour des comptes.

L'article 18 du projet, défend à la Cour de s'attribuer aucune juridiction sur les ordonnateurs, et de refuser l'allocation des paiemens faits sur ordonnance revêtue des formalités prescrites.

Cette disposition n'est peut-être qu'une précaution superflue: mais elle rappellera sans cesse à la Cour des comptes, que le but de son institution est de seconder et non d'entraver la marche du Gouvernement; de porter la sévérité de ses recherches sur les comptables et non sur les ordonnateurs; ceux-ci ne peuvent faire aucune disposition de fonds sans un crédit législatif, et une décision de S. M. Leurs ordonnances doivent référer l'un et l'autre, et lorsque cette double formalité est remplie, la Cour des comptes doit s'en contenter. Il lui seroit impossible d'approfondir et de juger les causes et les motifs qui ont fait donner les autorisations. Elle ne sauroit juger le Gouvernement.

Le titre III de la loi, sur les formes de la vérification et du jugement des comptes, règle la marche que doivent suivre les référendaires : le travail qu'il leur prescrit conduira nécessairement à la découverte des abus qui pourront exister, et ne permettra pas qu'ils soient soustraits à la surveillance du Gouvernement.

Enfin, Messieurs, le titre IV sur les dispositions transitoires autorise la formation d'une quatrième chambre temporaire pour les jugemens des comptes arriérés. Cette chambre ne sera formée qu'autant qu'on en reconnoîtra la nécessité; mais S. M. veut que la comptabilité soit mise à jour; et si le jugement des comptes des exercices courans doit emporter tout le temps des trois chambres de la Cour, la quatrième sera organisée pour s'occuper de l'arriéré.

La commission de comptabilité, obligée de reprendre les comptes depuis 1759, n'a pu suffire aux travaux d'une comptabilité aussi étendue, et qui s'est successivement grossie de tous les comptes des receveurs de districts, des administrations et régies qui se sont tour à tour succédées depuis 1789.

C'en est assez, Messieurs, pour vous faire reconnoître l'utilité de la mesure qui vous est proposée : vous reconnoîtrez de même la nécessité de la dernière disposition de la loi qui autorise à pourvoir, par des réglemens d'administration publique, à l'ordre du service de la Cour des comptes, et à toutes les mesures d'exécution : il seroit impossible d'occuper le Corps législatif de tous ces détails qui peuvent exiger des modifications ou des changemens, dont l'expérience fait seule sentir le besoin.

Ainsi, Messieurs, vous ne verrez, dans le projet de loi dont je viens de vous entretenir, qu'une nouvelle mesure d'ordre dictée par le génie qui nous gouverne, et auquel rien de ce qui est utile ne peut échapper. Vous avez vu avec quelle constance et quelle sagacité il s'est successivement occupé de ce qui peut améliorer les finances de l'Empire; les recettes se sont accrues chaque année sans secousses et sans déchiremens, de telle manière que le crédit public s'est rétabli, et que la confiance, source de toute prospérité, est rentrée dans tous les cœurs. Vous avez vu avec quelle sévérité l'ordre a été maintenu dans les dépenses; les comptes qui vous sont soumis à chacune de vos sessions, vous prouvent que S. M. n'est pas moins avare des sueurs de son peuple que du sang de ses enfans.

Il ne restoit pour remplir ses vues paternelles qu'à organiser une bonne comptabilité, et tout nous fait espérer que son vœu sera rempli par l'adoption que nous vous demandons du projet de la loi.

Discours de M. Gillet Lajacqueminière, orateur du Tribunat, pour faire connoître le vœu qu'il a émis sur le projet de Loi portant création d'une Cour des Comptes.

Messieurs,

Pour mériter votre assentiment au projet de la loi relatif à la création de la Cour des comptes soumis dans ce moment à votre délibération, il suffiroit, pour ainsi dire, de l'exposé complet et lumineux que M. le conseiller d'état, rapporteur de cette loi, a eu l'honneur de mettre sous vos yeux.

La connoissance que les sections du Tribunat ont prise de la loi et de ses motifs, les a naturellement amenées à l'examen de l'origine des officiers ou Cours des comptes, de leurs attributions, des différentes modifications qu'à diverses époques ont subies, ou ces fonctionnaires eux-mêmes ou la forme de leurs travaux. Cet examen, ces recherches nous ont confirmés dans l'opinion de la nécessité de la loi proposée, et c'est dans la conviction intime que quelques détails à ce sujet produiroient le même effet sur vos esprits, que la section des finances du Tribunat m'a chargé de vous les soumettre.

Avant même qu'il y eût des revenus publics, il existoit en France un Corps de gens des comptes. Ils n'étoient alors que des officiers particuliers du roi, et leurs fonctions se bornoient à la régie des domaines du monarque, à la vérification de ses recettes et dépenses soit personnelles, soit générales, dont lui seul faisoit alors les frais; mais dès qu'il y eut des revenus publics, seulement momentanés, des biens et revenus communaux, les comptes dûrent leur en être soumis.

On trouve, dès 1256, une ordonnance de saint Louis, qui prescrit *aux mayeurs et prudhommes* de venir compter devant les gens des comptes à Paris. Ils joignoient donc, dès-lors, à la surveillance du trésor du prince, la vérification des recettes et dépenses publiques et communales. Cette surveillance devenant plus compliquée et plus étendue par l'établissement d'impôts perpétuels et par l'augmentation progressive de ces impôts et du territoire, on fut forcé d'augmenter les surveillans de la comptabilité. En 1556, il y avoit déjà sept Cours des comptes, et depuis cette époque jusqu'en 1789, les mêmes raisons que celles ci-dessus expliquées, en avoient fait élever le nombre jusqu'à douze, en y comprenant les Parlemens et Cours des Aides, auxquels on avoit délégué les mêmes fonctions. Leurs attributions étoient à-peu-près les mêmes chacune dans leur ressort; mais celui de la Cour des comptes de Paris, avoit à lui seul plus d'étendue que toutes les autres, et aussi plus d'importance, à raison de ses attributions générales ou particulières. C'est par ce motif que j'ai cherché à puiser dans l'examen de sa composition et de son travail, des notions qui s'appliquent à la généralité de ces Cours, et dont je vais tâcher de vous tracer l'esquisse.

Outre des présidens au nombre de *treize*, il y avoit des officiers supérieurs de trois espèces, des auditeurs, des correcteurs et des maîtres, dont le nombre total s'élevoit à 217. Il y avoit, en outre, des officiers ministériels ou procureurs aux comptes.

Ici, il convient de rappeler quel étoit le mécanisme de la comptabilité d'alors.

On sait que presque tous les comptables étoient assujétis à employer, pour la présentation de leurs comptes, l'entremise de ces officiers ministériels. Ils devoient être et étoient effectivement, très au fait des formes et du mode de présentation; mais aussi ils ajoutoient encore à la masse des productions, déjà nécessairement très volumineuses, par la manière dont ils étoient autorisés à les étendre, et dont quelques-uns se permettoient de les délayer. Quoi qu'il en fût, ces comptes, dans cet état, étoient envoyés à l'examen des auditeurs, dont la mission étoit de vérifier, ce qu'on pourroit appeler la législation du compte, c'est-à-dire, si chaque article de recette et de dépense étoit suffisamment justifié par les lois sur les matières. Alors il étoit fait rapport à la chambre des maîtres, qui rendoient un premier arrêt d'admission ou de rejet. Dans ce second cas, il falloit recommencer à produire ou compléter les productions, pour revenir ensuite à une nouvelle vérification des auditeurs. Dans le premier cas, le compte passoit à la correction, c'est-à-dire, à l'examen des correcteurs, qui vérifioient le matériel du compte, l'exactitude des calculs. Sur leur rapport, également fait à la chambre des maîtres, il sortoit un ou plusieurs arrêts, et le comptable obtenoit son quitus ou sa quittance finale qui opéroit sa décharge.

Cette manière d'opérer étoit très-dispendieuse pour les comptables; elle étoit en outre et longue et minutieuse; enfin, il semble qu'il y avoit un double emploi dans la double filière des auditeurs et des correcteurs, dont une seule classe auroit pu juger simultanément la légalité et le matériel des comptes; mais aussi il étoit difficile qu'il y eût des erreurs ou des abus. Du moins jusqu'en 1789, on n'en connut guères d'autres que ceux de l'autorité ministérielle à laquelle un gouvernement, alors foible et insouciant, abandonnoit avec tant de risques pour lui et pour la chose publique, toutes les parties de l'administration; car elle profitoit de cette liberté, tantôt pour soustraire quelques grands comptes des attributions de la Cour des comptes et les régler directement, tantôt pour légaliser par des décisions arbitraires, partielles et même subséquentes, des emplois de fonds non autorisés par les loix antérieures.

C'en étoit bien assez, sans doute, pour nécessiter une réforme et un rétablissement d'ordre; et si, à cette considération, on ajoute celles résultantes du système d'uniformité et de centralisation adopté à cette époque par l'Assemblée constituante, on concevra aisément les motifs des différens décrets par lesquels elle supprima toutes les Chambres des comptes et Cours en faisant fonction, et créa un bureau unique de Comptabilité, composé de quinze membres.

Ils devoient se diviser en cinq sections.

Ils eurent pour l'examen et la vérification des comptes publics, presque toutes les attributions et obligations des anciennes Cours.

Ils furent chargés de tout ce qui se trouvoit à examiner à cette époque, sans pouvoir, néanmoins, pour aucun arriéré, se reporter au-delà de trente ans.

J'ai dit l'examen et la vérification, car l'Assemblée nationale réserva à la nation seule, par ses représentans, le droit de juger et d'apurer les comptes publics. Les commissaires devoient rapporter à une section du comité des finances, et celle-ci à l'Assemblée, qui seule devoit juger les comptes et prononcer la décharge définitive des comptables.

Cette disposition, du nombre de ces théories dont la conception peut honorer l'esprit d'ordre qui les imagine, on pourroit peut-être la justifier en partie par la connoissance des abus antérieurs dont on trouvoit alors à chaque instant, ou la preuve ou la trace, et dont on craignoit le retour; mais il faut avouer pourtant qu'elle paralysoit l'institution ; car elle étoit d'une exécution presque impraticable. Aussi reçut-elle très-peu d'applications pendant tout le cours de l'Assemblée législative et de la Convention. On vérifioit toujours à la comptabilité, mais on ne jugeoit pas dans les assemblées.

Cet état de choses dura jusques dans l'an 3.

Alors une loi du 28 pluviôse statua sur la comptabilité arriérée, sur les fonctions du bureau de la comptabilité, sur la forme des comptes, &c. et institua les commissaires juges définitifs des comptes.

Sans rien changer à ce mode, la constitution de l'an 3 réduisit, en fructidor suivant, la comptabilité au nombre de *cinq*, et une loi du 1er vendémiaire an 5, la mit sous la surveillance du Corps législatif.

Enfin, la constitution de l'an 8 la reporta au nombre de *sept;* elle attribua au Gouvernement naissant, la surveillance devenue inexécutable par le Corps législatif.

Et tel est l'état des choses, Messieurs, au moment où vous avez à délibérer sur une nouvelle et définitive organisation.

De l'historique rapide que je viens de vous présenter, il résulte, Messieurs, que la comptabilité se divise nécessairement en différentes parties ou époques.

L'ancienne, de 1759 à 1791.

L'arriérée, de 1791 à l'an 8.

La nouvelle, du 1er germinal an 8 au 1er vendémiaire an 14.

Le reste est le courant, non en état de production.

Enfin, la comptabilité intermédiaire, dont je ne parle ici que pour mémoire, attendu que, depuis l'an 10, elle est réunie à la liquidation générale.

Tous ces comptes forment une masse qui seroit effrayante au premier coup-d'œil, soit par celle des comptes en eux-mêmes, qui s'élèvent à plus de onze mille, sans le courant, soit par la quotité des sommes qui en forment le montant en recette ou dépense, si, pour pendant de ce tableau, on n'avoit pas celui des travaux déjà faits par la comptabilité et de ses heureux résultats. Sur 11,477 comptes, 8,793 depuis l'année 1792 se trouvoient jugés dans le mois dernier, et ces jugemens avoient produit, depuis la même époque de 1792, et successivement, une rentrée de près de 40,000,000 en toutes natures de valeurs au trésor public. Certes, l'activité et le zèle de MM. les commissaires actuels de la comptabilité, sont bien dignes du satisfaisant témoignage, qui leur a été rendu à cette tribune par M. le conseiller d'état orateur du Gouvernement, et la section a pensé que le Corps législatif partageroit l'opinion manifestée, à ce sujet, au nom du souverain. Car, de tels travaux, de si utiles résultats ne peuvent être trop reconnus et trop encouragés : mais leur importance même amène naturellement à l'idée de les accélérer et de perfectionner une institution dont l'utilité est déjà sans doute bien reconnue et démontrée, mais qui pourtant est encore incomplète et défectueuse.

J'ai dit perfectionnés, et ce mot, qui indique à lui seul l'esprit et toutes les dispositions de la loi, me mène à en prouver la nécessité, par l'exposé rapide de la composition actuelle de la comptabilité et du mode de travail préparatoire qu'on y suit.

Je commence par ce second objet.

Dans l'état actuel, tout compte présenté est, à tour de rôle, envoyé à l'examen d'un ou plusieurs vérificateurs, suivant son importance et la quantité de pièces justificatives qui sont toujours très-considérables et quelquefois même innombrables, puisqu'il est très-commun de voir des productions de 8 ou 10,000 pièces et que quelques-unes s'élèvent de 100,000, à plus de *un million* de pièces comptables. De ces premiers bureaux, les comptes passent à une seconde et troisième vérification des sous-chefs et chefs, et arrivent finalement, au rapport, devant le bureau de comptabilité par un chef de division, sous la surveillance particulière d'un de MM. les commissaires. Là, le compte est jugé provisoirement ou définitivement, après avoir préalablement entendu le comptable.

Ce mode d'examen nous a paru susceptible d'inconvéniens, que nous sommes bien loin sans doute d'attribuer à MM. les commissaires, puisque l'organisation du travail et des bureaux est l'exécution d'une loi dont ils n'ont pu s'écarter ; mais ces inconvéniens n'en existent pas moins, en ce que la vérification première, l'une des parties les plus importantes et les plus délicates du travail, a lieu et se fait trop loin et d'une manière trop isolée des juges définitifs des comptes. Cet inconvénient n'existoit pas dans les anciennes Chambres des comptes où ces mêmes fonctions étoient remplies par des officiers de la Cour même : on ne pouvoit reprocher à ces établissemens que d'être trop nombreux pour les personnes, trop multipliés pour les Cours ; le projet proposé remédie aux inconvéniens actuels, et s'empare de ce que l'ancienne institution avoit d'utile et de rassurant, en élaguant le superflu.

Ici, sous le titre de Référendaires, il crée des fonctionnaires publics inamovibles, auxquels les attributions particulières qu'il délègue, donneront une considération et une consistance desirables.

Je passe aux juges.

Actuellement ils ne sont qu'au nombre de *sept;* ils ont fait tout ce qu'on pouvoit desirer, et plus même peut-être qu'on ne pouvoit attendre d'un si petit nombre, dont le zèle et l'intelligence ont multiplié les moyens ; mais enfin, si *huit mille* comptes ont été jugés depuis 1792, il en reste encore près de *trois mille* à apurer, et ceux-ci sans doute ne sont pas les moins importans. Chaque année, chaque jour voit s'accroître cette masse effrayante, seulement par les attributions actuelles. Que seroit-ce lorsqu'à ces comptes anciens et annuels viendroient se réunir, par plusieurs centaines, *les comptes des recettes et dépenses des fonds et revenus spécialement affectés aux dépenses des départemens et des communes dont les budgets sont arrêtés par* L'EMPEREUR. Car c'est par mille motifs que le Corps législatif a pressentis à l'avance, que SA MAJESTÉ veut, avec tant de raison, que tous ces comptes soient aussi présentés à la Cour des comptes, vérifiés et jugés par elle.

Mais des attributions si étendues et pour ainsi dire immenses, soit par le nombre des comptes, soit par la quotité des sommes à juger en recette et dépense, puisqu'il s'agira annuellement de milliards, de telles attributions seroient évidemment au-dessus des moyens et des forces du nombre actuel des commissaires.

Le Gouvernement propose de le tripler ; et malgré le zèle sur lequel il a de si justes droits de compter de la part des commissaires actuels, et de ceux que sa haute confiance jugera dignes de l'honneur de leur être associés, il est si convaincu de la nécessité de cette augmentation, à raison de la multiplicité des devoirs qu'il leur impose, que lui-même prévoit déjà qu'il pourroit être obligé, par la force des choses, de leur donner des collaborateurs temporaires, et qu'il s'en réserve la faculté par l'art. 22 et dernier du projet.

Cette Cour n'est donc proposée qu'au nombre reconnu indispensablement nécessaire à présent. Elle aura une constitution digne tout à-la-fois de celui qui l'a conçue et des hautes attributions qu'il lui conserve ou qu'il y joint ; mais cette considération dont il l'environne, cette honorable assimilation qu'il lui donne, pour le rang et les prérogatives, avec sa cour suprême de justice, conviennent éminemment à un établissement unique, qui impassible et pur comme la loi, dont il sera l'organe, sera juge de la fortune publique, de celle de tous les comptables ; qui dispensant l'honneur et le blâme, rendra prompte et éclatante justice à qui il appartiendra, mais sera le surveillant et l'ennemi né et perpétuellement actif de toute espèce d'erreurs, de fraudes et de dilapidations.

Et si jamais, pourtant, l'erreur pouvoit se glisser dans ses arrêts, la loi contient en elle-même deux remèdes ; d'une part, les comptes peuvent être repris à révision par la Cour, de son propre mouvement ; de l'autre, un compte matériel et moral doit être annuellement formé par le président du corps et plusieurs commissaires, et présenté à l'Empereur par le prince archi-trésorier. Elevé par sa place au-dessus de toute espèce d'opposition et de toute autre influence que celle de l'ordre dans la partie dont la surveillance lui est confiée, celui qui, arrivé à l'Assemblée constituante avec une réputation méritée, trouva par une sagacité et une instruction peu communes, dans la partie des finances, le moyen de l'accroître encore ; celui qui, par la netteté et la précision de ses idées, rendit, pour ainsi dire, vulgaire et presqu'aimable, une science jusques-là obscure et rebutante, et sut en embellir l'aridité, des charmes d'une diction, presque sans imitateur comme sans modèle ; celui-là, dis-je, jugeant avec la perspicacité qui lui est familière, l'utilité des observations qui lui seront soumises, en présentera à Sa Majesté les intéressans résultats, et la mettra à même de remédier aux inconvéniens, ou aux abus dont l'expérience auroit démontré l'existence, et justifieroit la dénonciation.

Si j'ai rempli mon projet, Messieurs, l'avantage d'un système de comptabilité a été démontré au Corps législatif, d'abord par l'usage qu'en avoit fait, dès l'origine, l'intérêt particulier des monarques, et par le même usage utilement appliqué à la fortune publique, dès que l'occasion s'en est présentée.

Vous avez revu ce qu'étoit la comptabilité sous la monarchie, ce qu'elle avoit été, créée par l'Assemblée constituante, ce qu'elle a été sous les Assemblées subséquentes et jusqu'à ce jour; je n'ai ni augmenté les avantages, ni diminué les imperfections de ces différens régimes.

Je crois avoir prouvé que celui qui existe actuellement est incomplet et insuffisant.

Enfin, j'ai dû établir, par quelques détails, les avantages de l'établissement proposé, dont M. le conseiller d'état vous avoit prouvé la nécessité par les principes généraux présentés en masse dans ses motifs.

En considérant tout le bien qui résultera d'une telle loi, qui peut s'empêcher, Messieurs, d'être pénétré d'admiration et de reconnoissance pour le génie qui en méditoit les bases à cinq cents lieues de sa capitale et sur les champs même de ses triomphes? qui pourroit n'en pas manifester l'expression respectueuse?

Qui pourroit aussi ne pas sentir et envier, Messieurs, l'honneur que vous avez d'être admis à partager le genre de gloire qui s'attache à la législation à laquelle vous avez journellement l'avantage de coopérer; législation si majestueuse dans son ensemble, si complète dans ses détails, et combien votre concours est illustré par le nom immortel dont il s'y trouve inséparable!

J'ai l'honneur, au nom de la section des finances du Tribunat, d'inviter le Corps législatif à adopter la loi qui lui est présentée sur la création de la Cour des comptes.

INSTALLATION

DE LA COUR DES COMPTES.

L'AN mil huit cent sept, cejourd'hui cinq novembre, son altesse sérénissime Monseigneur le prince Archi-trésorier de l'Empire, en exécution de l'article 1er du Décret impérial du 28 septembre dernier, et de son arrêté pour l'installation de la Cour des comptes, est parti à onze heures et demie de son palais, escorté par un piquet de cavalerie.

Le cortége étoit composé de sept voitures.

Dans la première, étoient les secrétaires des commandemens de S. A. S.;

Dans la seconde, M. *Garnier*, procureur général impérial de la Cour des comptes.

Venoient ensuite celles de MM. *Jard-Panvilliers*, *Delpierre* et *Brierre-Surgy*, présidens;

Celle de M. *Barbé-Marbois*, premier président;

Et celle de S. A. S. le prince Archi-trésorier.

Le cortége est arrivé à midi par la porte Sainte-Anne.

Depuis la porte Sainte-Anne jusqu'au haut du grand escalier, régnoit une double haie d'infanterie.

S. A. S. descendue de voiture au pied du grand escalier, y a trouvé M. le premier président, MM. les présidens et M. le procureur général, qui l'ont conduite à la grand'chambre, où MM. les maîtres des comptes, greffier en chef et référendaires étoient assemblés.

S. A. S. a pris place au fauteuil qui lui étoit destiné.

Un des secrétaires des commandemens de S. A. S. a fait lecture de la loi du 16 septembre dernier, relative à l'organisation de la Cour des comptes, et des décrets impériaux du 28 septembre 1807, contenant la nomination des membres de la Cour.

Il a été fait ensuite un appel individuel de MM. les maîtres des comptes, de M. le greffier en chef et de MM. les référendaires, lesquels ont prêté le serment prescrit par l'article 56 du sénatus-consulte organique du 28 floréal an 12.

Après avoir reçu la prestation de serment, S. A. S. Mgr l'Archi-trésorier a prononcé le discours ci-annexé.

M. le procureur général a aussi prononcé un discours, et a requis qu'il plût à S. A. S. de déclarer que MM. les maîtres des comptes, greffier en chef et référendaires ont satisfait aux dispositions de l'article 74 du réglement du 28 septembre par la prestation de serment qu'ils viennent de faire entre ses mains, et que S. A. S. prononçât en conséquence qu'ils sont dès ce moment, ainsi que MM. les présidens et procureur général, reçus à la Cour en conformité de l'article 75;

Que S. A. S. ordonnât pareillement que, par le secrétaire général de ses commandemens, il fût remis au greffier en chef une expédition du procès-verbal de l'installation de la Cour, pour être transcrite sur ses registres, et rester déposée dans ses archives.

Mgr le prince Archi-trésorier, sur les conclusions de M. le procureur général, a dit : « Nous déclarons » que MM. les maîtres des comptes, le greffier en » chef et les référendaires, qui ont satisfait aux dis- » positions de l'article 74 du réglement du 28 sep- » tembre, par la prestation de serment qu'ils viennent » de faire entre nos mains, sont dès ce moment, ainsi » que MM. les présidens et procureur général, reçus » à la Cour, en conformité de l'article 74.

» Ordonnons pareillement qu'il sera, par le secré- » taire général de nos commandemens, remis au greffier » en chef une expédition du procès-verbal de l'ins- » tallation de la Cour, pour être transcrite sur ses » registres, et rester déposée dans ses archives ».

M. le premier président a répondu au discours de S. A. S.

S. A. S. a été reconduite jusqu'au bas de l'escalier de la Cour des comptes par une députation de deux maîtres des comptes, de deux référendaires, et jusque dans son palais par le piquet de cavalerie.

Signé LEBRUN.

Pour expédition conforme à la minute :

Le Secrétaire général des commandemens de S. A. S.,

Signé LAFLOTTE.

Discours prononcé par Son Altesse Sérénissime Monseigneur l'Archi-Trésorier de l'Empire.

MESSIEURS,

Si un petit nombre d'hommes sans dépendance mutuelle, sans autre lien que des devoirs communs, sans l'appareil d'une autorité imposante, eussent pu soutenir seuls le poids de la comptabilité d'un grand Empire, aucun changement n'eût été nécessaire, aucun besoin n'eût appelé une nouvelle institution.

La Commission de la comptabilité nationale étoit composée d'hommes purs, d'hommes laborieux, d'hommes fidèles et dévoués à leur prince et à la patrie. Ce témoignage, je le leur dois, et j'aime à le leur rendre. SA MAJESTÉ leur a rendu elle-même le plus beau de tous, après celui de leur conscience.

Mais ils n'avaient ni cette force qui ne peut résider que dans les grands établissemens, ni cette énergie qui naît du sentiment de la force, ni cette considération qui entoure une réunion nombreuse de membres qui tous ont des droits à l'estime et au respect public.

Leurs attributions, mal déterminées, laissaient hors de leurs limites des comptabilités qui se lient essentiellement à la fortune publique.

Les lois ne leur avoient point donné assez de pouvoir pour assurer l'exactitude ou punir les lenteurs du comptable.

Ils n'avoient point sur-tout cette force d'opinion qui, dans des temps moins heureux, sous un Souverain moins obéi, avec des Ministres moins actifs et moins dévoués, sera nécessaire pour opérer, dans toutes les parties de l'administration, la marche toujours rapide, toujours précise, des comptabilités subordonnées.

Il falloit donc une institution nouvelle, non point une institution éparse et morcelée, telles que l'avoient donnée les réunions successives des différentes parties de la France; amas incohérent de comptabilités, dont Sully, dont Colbert, dont leurs successeurs les plus habiles avoient tant de peine à faire mouvoir les ressorts, et de pouvoirs confus qui, s'exerçant sur plusieurs matières différentes à-la-fois, les laissoient toutes dans la langueur ou dans l'inertie.

Une dans son objet, puissante dans son unité, présente à tous les comptables, par la rapidité de son action, embrassant toutes les comptabilités qui se lient à la fortune publique, elle devoit, par ses attributions, être égale à tous les besoins, et, par le nombre de membres qui la composeroient, être égale à tous les travaux qui lui seroient confiés.

Point de magistrature vénale qui pût devenir un jour le patrimoine des familles plus que la propriété de l'Etat; qui, douée, sans épreuve préalable, d'une perpétuelle inamovibilité, se reposât sur ses titres, mît ses prétentions à la place des devoirs, et consumât en vains débats le temps qu'elle devroit à ses fonctions.

Cette institution, le génie de l'Empereur l'a enfantée au milieu des combats et des victoires; et comme son génie l'avoit conçue, sa sagesse l'a exécutée.

De ce coup-d'œil rapide et sûr qui juge les hommes et souvent les devine, il a marqué les élémens dont elle devoit être composée; il y appelle des hommes tous signalés par l'estime publique, tous distingués par des talens et des connoissances diverses; les uns accoutumés à concourir à la formation des lois, les autres à les exécuter, tous marques par ce caractère de sagesse, par cet esprit d'ordre, qui constituent les véritables juges de la comptabilité.

Auprès d'eux, pour éclairer, pour faire exécuter leurs jugemens, un homme qui unit la science du magistrat aux talens et à l'expérience de l'administrateur, l'aménité des mœurs à la sévérité des principes.

C'est pour présider une Cour ainsi formée, qu'il vous a choisi, Monsieur.

L'amitié me défend de vous louer : je tairai des travaux honorables dans la carrière de la politique, une colonie autrefois notre orgueil, portée par la seule puissance de l'ordre au comble de la prospérité, de grands malheurs soutenus avec une constance plus grande, des principes toujours purs et une conduite toujours ferme.

Mais je dirai ce qui honore le grand NAPOLÉON, ce qui doit encourager tous ceux qui, comme vous, se sont voués à son service et à celui de la patrie.

Sa Majesté vous a de bonne heure jugé, Monsieur ; Elle a reconnu en vous, sous des formes austères, une sensibilité profonde, un dévouement absolu à sa gloire, une fidélité inviolable à vos devoirs. De là, cette bienveillance soutenue dans tous les temps, et marquée sur-tout dans votre retour.

Sous ce nuage passager qui l'a voilée, lorsqu'au sein de votre retraite vous éprouviez la seule crainte qui pouvoit atteindre une ame comme la vôtre, celle d'avoir perdu l'estime d'un grand Homme et les bontés du Restaurateur de la France, Sa Majesté vous couvroit encore de ses regards : elle daignoit écrire à votre ami qu'elle vous conservoit toute son estime. Souvent elle laissoit échapper des expressions d'intérêt destinées à parvenir jusqu'à vous, et à consoler votre solitude.

Et tout-à-coup, sans que vous ayez osé former un vœu, sans que l'amitié ait prononcé votre nom, sans qu'elle se soit permis une pensée, Sa Majesté vous appelle à des fonctions qui se lient aux plus grands intérêts de l'Empire.

Vous avez senti, Monsieur, et le prix et les circonstances d'un tel choix ; vous sentez encore mieux les devoirs qu'il vous impose ; et vous les remplirez dans toute leur étendue.

Mais vous, Messieurs, de quelles impressions vous êtes frappés ! Au milieu de tant de gloire, parmi de si grandes pensées, une bonté si touchante ! et, ce qui, dans un Souverain, doit toujours être inséparable de la bonté, un discernement si juste des caractères et des talens !

Quel puissant aiguillon pour votre zèle, si votre zèle avoit besoin d'un aiguillon étranger au sentiment de vos devoirs !

L'œil de l'Empereur vous suivra dans la carrière qu'il vient de vous ouvrir ; il jugera, il appréciera, il récompensera vos travaux ; et quand vous ne serez plus, vos services vivront dans sa mémoire pour le bonheur de vos enfans.

Mais vous avez placé plus haut vos principes et la source de vos devoirs. L'institution à laquelle vous appartenez est un des principaux appuis de l'Empire : c'est le mur d'airain qui doit garantir la fortune publique des infidélités des comptables, des prévarications de l'administrateur, des dilapidations de ses agens. Si elle fléchit, tout chancelle; si elle succombe, tout périt : il ne reste au milieu des ruines que le nom du plus grand des Héros, du plus grand des Souverains; semblable à ces monumens solitaires que le temps a laissés debout sur son passage, et qui ne servent plus qu'à mesurer la hauteur d'où les nations sont tombées.

Mais elle ne fléchira point, elle ne succombera point, cette institution tutélaire; vous la remettrez à vos successeurs toute empreinte de l'esprit de celui qui l'a créée, toute forte de vos principes et de votre exemple. Je porterai chaque jour à Sa Majesté de nouveaux témoignages de votre zèle, et ceux qui me remplaceront n'auront jamais à remplir que ce doux ministère.

Discours prononcé par M. le Procureur-Général Impérial.

MONSEIGNEUR,

MESSIEURS,

La France entière dut concevoir les plus douces et les plus nobles espérances, lorsqu'elle vit son Empereur, à peine revenu des champs de Tilsitt, rouvrir de ses mains victorieuses, le sanctuaire des lois ; lorsqu'elle l'entendit annoncer en même temps, et la paix qu'il venoit de conquérir, et les diverses dispositions qu'il avoit méditées lui-même pour donner à toutes nos institutions un égal caractère de perfection et de simplicité.

La France entière recueille tous les jours le fruit de ses augustes promesses ; chaque instant affermit l'édifice majestueux de la prospérité publique : tout s'achève, tout s'améliore autour de nous.

Le moment est arrivé où l'autorité chargée du dépôt et du jugement des grandes comptabilités de l'Empire, devoit recevoir à son tour l'impulsion du génie restaurateur de la législation, et participer à cet esprit de vie que NAPOLÉON répand sur tous ses ouvrages.

N'en doutez point, Messieurs, disons-le plutôt avec un juste orgueil, mais avec tout le sentiment de nos devoirs : nous aussi, nous étions présens à la pensée de Sa Majesté, dans ce jour solennel où, environnée des députés de son peuple, elle leur adressoit, du haut de son trône, ces touchantes paroles : « Je veux que dans toutes les parties » de mon empire, même dans le plus petit hameau, l'aisance des » citoyens et la valeur des terres se trouvent augmentées par l'effet » du système général d'amélioration que j'ai conçu. »

Nous aussi, nous étions compris dans ce système général d'amélioration, conçu au milieu des combats et sous la garantie de la victoire ; nous aussi, nous justifierons l'attente de SA MAJESTÉ.

Tous ensemble, nous pouvons espérer un succès difficile, avant notre réunion.

Les commissaires de la comptabilité ont eu le bonheur de recevoir, au nom même du Souverain, et dans le sein du Corps législatif, l'honorable témoignage que leur dévouement n'avoit pas été stérile. Mais on a considéré avec effroi l'espace immense qui leur restoit à parcourir avant d'arriver au but de leur mission ; on a craint que leurs travaux, toujours croissans, ne se trouvassent enfin sans mesure avec leurs forces ;

Et la Cour des comptes a reçu une organisation complète et définitive.

Elle étoit déjà liée aux institutions de la Monarchie impériale, par la disposition de l'acte constitutionnel qui traçoit quelques-unes des fonctions de la comptabilité.

Devenue, dans ses nouvelles attributions, plus simple que les anciennes chambres, elle sera tout-à-la-fois et plus expéditive dans sa marche, et non moins sûre dans ses décisions.

Vous le savez, Messieurs, administrer la justice et l'administrer promptement, est un seul et même devoir.

Cette célérité, qui n'ôte rien à la réflexion, est l'unique moyen d'assurer au trésor public ses recouvremens, aux comptables honnêtes, leur propre repos, la sécurité de leurs familles, la libre disposition de leur bien ; aux comptables infidèles, la honte et la peine qu'ils méritent.

Cette célérité devoit donc être le premier vœu d'un bon Prince, parce qu'elle est le premier besoin des peuples.

Aussi, Messieurs, vous vous rappelez comment s'expliquoient les orateurs mêmes du Gouvernement, lorsqu'ils présentoient au Corps législatif la loi créatrice de la Cour des comptes.

« SA MAJESTÉ, disoient-ils, est bien convaincue que le plus grand » inconvénient au maintien du bon ordre, dans l'administration des » finances, seroit la lenteur dans la présentation et le jugement des » comptes : les retards font perdre de vue une foule de renseignemens » qui concourent à prévenir les abus ou à les faire découvrir ; et quelle » que soit l'attention de SA MAJESTÉ dans la distribution des fonds, ce

» n'est que par la vérification de leur emploi qu'elle peut se flatter » d'écarter toute espèce de dilapidations. C'est dans cette vue qu'a été » rédigé le projet de loi.... Il donne à la Cour toute la considération » qu'exigent les importantes fonctions dont elle sera chargée; il lui » donne un nombre de juges suffisant pour que les comptes soient promp- » ment apurés et jugés. »

Ces paroles retracent tout-à-la-fois les motifs de l'institution de la Cour des comptes, son utilité, ses devoirs et sa dignité.

Pour assurer le succès de ses travaux, Sa Majesté a réuni aux anciens membres de la comptabilité, des hommes qui déjà ont rendu à la patrie de nombreux et importans services, et pour qui une nouvelle carrière ne sera qu'une nouvelle occasion de développer leurs talens et leur zèle.

Désormais donc, tout sera possible au zèle, et le travail obtiendra sa plus douce récompense; il produira tous les avantages qu'on a droit d'en attendre pour l'intérêt de l'Etat et celui des comptables.

Vous préparerez ces succès, et vous y concourrez avec ardeur, Messieurs les Référendaires, vous qu'une magistrature nouvelle mettra les premiers en rapport avec les comptables, pour vérifier leurs recettes, pour discuter leurs dépenses, pour les entendre dans tout ce qui pourra éclaircir et accélérer l'instruction des comptes; patiens à tout examiner, prêts à tout écouter, sévères à tout approfondir, vous n'oublierez jamais que ces deniers publics, dont la loi exige chaque année un compte exact et rigoureux, sont véritablement les deniers de la veuve et de l'orphelin, le prix des sueurs qui fécondent nos campagnes, le tribut de l'industrie qui vivifie le commerce, le sacrifice fait par chaque individu pour le bien et l'intérêt de tous. Jamais une compassion mal entendue pour un comptable prévaricateur, ne vous portera à fermer les yeux sur ses iniquités : car s'il est louable, s'il est glorieux de sacrifier sa fortune personnelle aux affections du sang et de l'amitié, il est louable au contraire, il est éminemment juste de ne jamais sacrifier à des considérations particulières le dépôt sacré de la fortune publique. Placés en avant comme des sentinelles vigilantes et incorruptibles, vous signalerez sans pitié, comme sans passion, toutes les malversations et tous les désordres qui pourroient se glisser dans la vaste et immense comptabilité de cet Empire.

Et vous qui jugerez ces premiers jugemens, Messieurs les Présidens et Maîtres des comptes, vous contribuerez, avec les Ministres de Sa Majesté, à procurer à la France tous les bienfaits qui suivent naturellement le bon ordre dans les finances de l'Etat.

Centre unique où viendront aboutir toutes les bonnes et loyales comptabilités, pour y recevoir une entière et solennelle approbation ; dernier retranchement contre lequel échoueront sans retour les manœuvres de la cupidité, les erreurs de la négligence, vous donnerez au peuple et au Prince la double garantie qu'ils attendent de vous.

Vous convaincrez les peuples que ce n'est pas en vain qu'ils font à la patrie le sacrifice annuel d'une portion de leur patrimoine ; vous prouverez au Prince que, lorsque sa grande ame s'inquiète de bien distribuer les fonds publics, lorsqu'au retour d'une guerre lointaine et dispendieuse, il regarde comme l'un des plus beaux ornemens de son triomphe, cette loi bienfaisante qui diminue les contributions et les charges de son peuple, ses nobles sollicitudes ne sont pas perdues.

Ces devoirs sont grands, Messieurs, et j'en atteste vos propres impressions ; ils sont dignes d'enflammer des ames généreuses, qui toutes ont le desir et l'habitude de se consacrer au bien public.

Mais il faut le dire, au moment où la carrière s'ouvre devant nous, ces devoirs sont souvent pénibles.

Consumer sa vie dans des travaux qui seroient inutiles, s'ils n'étoient continuels ; se dévouer à des recherches et à des discussions qui, importantes dans leurs résultats, sont arides et minutieuses dans les détails ; faire d'avance le sacrifice absolu de son repos, et se dire à soi-même qu'après beaucoup de fatigues, l'unique délassement sera de s'enfoncer dans le labyrinthe et les ennuis d'un nouveau travail, qui lui-même ne cessera que pour faire place à un autre non moins sérieux et non moins embarrassé ; au milieu de toutes ces occupations sans cesse renaissantes, conserver toujours une égale ardeur, et regarder la moindre négligence comme un grand mal, la plus légère inattention comme un tort grave envers la société : telles sont les obligations que s'impose nécessairement tout membre de la Cour des comptes.

Heureusement, Messieurs, quand nous vous entretenons des obstacles que vous aurez à combattre, nous parlons à des magistrats dont les courages ont été éprouvés, soit dans de grandes fonctions politiques et administratives, soit dans ces mêmes travaux qui sont attribués à la Cour des comptes. Vous serez toujours semblables à vous-mêmes, et vous tracerez la route aux jeunes magistrats qui vous sont associés.

Nous parlons d'ailleurs devant un chef qui donna toujours l'exemple comme le précepte du dévouement à ses devoirs, et dont le choix, agréable à toute la France, précieux pour les siens, est pour nous un bienfait inestimable de SA MAJESTÉ.

Mais sur-tout, nous parlons en la présence et sous les auspices de S. A. S. LE PRINCE ARCHI-TRÉSORIER, qui, accoutumé à considérer les revenus de l'Etat sous leurs plus nobles rapports, familiarisé avec les plus grandes difficultés de l'administration générale des finances, se plaît à mettre au nombre de ses plus doux soins la peine qu'il prend de les aplanir aux autres.

MONSEIGNEUR, la pompe de ce jour et notre ministère, ne seroient certainement pas profanés par la flatterie, si, réunissant ici l'hommage de la reconnoissance au culte de la vertu, nous retracions dans cette assemblée, et ce mérite éminent, et ces grandes qualités qui vous ont conduit naturellement aux premières dignités du premier des Empires. Mais, dans une cérémonie que vous présidez, que pourrions-nous peindre qui valût l'aspect de ce front respectable, sur lequel est empreint, dans toute sa dignité, le noble caractère de magistrat? Vous y avez fait entendre une voix dont les paroles pénétrées de la substance des choses, dont la vive insinuation, laissent toujours des impressions profondes. Nous ne les affoiblirons point par nos expressions : qu'il nous soit seulement permis de féliciter la Cour d'avoir pour interprète et pour médiateur auprès de SA MAJESTÉ, un si digne dépositaire de sa haute confiance.

Mais, Messieurs, ce n'est pas seulement le présent qui doit nous remplir de courage et d'ardeur ; le passé nous offre aussi d'utiles leçons et de glorieux exemples.

Cette même enceinte où notre voix peu exercée se fait entendre aujourd'hui, ces murs et ce palais sont tout pleins encore de souvenirs respectables, et semblent nous demander un hommage qui console et répare un trop long oubli.

C'est ici que remplissoit les fonctions du ministère public, cet *Etienne Pasquier*, célèbre par son dévouement à son roi, par sa vaste érudition, par ses recherches historiques sur les antiquités de la France. Ah ! s'il eût vécu sous le règne de NAPOLÉON, au lieu de s'enfoncer dans les ténèbres qui couvrent le berceau de la monarchie française, il auroit plutôt consacré ses talens à peindre les grandes époques dont nous sommes les témoins, et à tracer dans l'avenir la suite des magnifiques destinées de l'Empire français.

C'est ici, c'est dans ces mêmes lieux que présidoit eette antique famille des *Nicolaï*, qui, de règne en règne, de génération en génération, donnèrent le constant exemple des lumières et des vertus réunies. Emules des *Lamoignon* et des *Molé*, ils marchoient leurs égaux en dignité, leurs égaux en mérite.

C'est dans ce sanctuaire de la justice, que siégeoient ce grand nombre de magistrats qui, dans leur famille comme dans leurs fonctions publiques, étoient environnés de considération et d'honneur. Et qui de nous n'a pas gardé la mémoire de ces mœurs vénérables, de ces mâles vertus qui distinguèrent si long-temps l'ancienne magistrature de cette grande cité et de la France entière, alors qu'une noble simplicité paroissoit être l'attribut de ces graves fonctions, alors que le désintéressement n'étoit qu'une habitude et non pas un rare mérite, alors que les peuples, charmés du spectacle d'une si belle vie, confondoient dans une même vénération l'homme et le magistrat?

Nous suivrons, Messieurs, de si dignes modèles. Cette belle pensée d'un ancien sera toujours gravée dans nos cœurs : *La bonne renommée des ancêtres est un flambeau qui luit devant leurs successeurs;* et nous marcherons tous à cette pure lumière.

La Cour des comptes doit en donner l'exemple; elle reçoit une nouvelle vie, et commence ses fonctions au moment où la magistrature en deuil entend le souverain se plaindre que quelques hommes, indignes de prononcer sur la fortune et sur l'honneur des citoyens, n'ont pas répondu à sa confiance. C'est dans ce moment même qu'il daigne nous en investir. Glorieux privilége ! distinction précieuse, qui mérite toute notre reconnoissance, mais qui doit nous lier plus étroitement à nos devoirs !

Nous en avons fait le serment.

Nous avons promis à la patrie, à son auguste Monarque, à vous, Monseigneur, que sous un Prince ami zélé des mœurs et des lois, la France, si féconde en illustres guerriers, sera féconde aussi en dignes magistrats.

Nous serons fidèles à notre serment, nous tiendrons nos promesses.

Heureux d'être l'interprète des sentimens de la Cour, et de commencer ainsi les honorables fonctions de notre ministère, nous requérons qu'il vous plaise, Monseigneur, déclarer que MM. les maîtres des comptes, greffier en chef et référendaires ont satisfait aux dispositions de l'art. 74 du réglement du 28 septembre 1807, par la lecture qui vient d'être faite du décret impérial portant leur nomination, et par la prestation du serment qu'ils ont faite ici entre vos mains; prononcer en conséquence qu'ils sont dès ce moment, ainsi que MM. les présidens et nous, reçus à la Cour, en conformité de l'article 75, ordonner pareillement que, par le secrétaire des commandemens de Votre Altesse, il sera remis au greffier en chef une expédition du procès-verbal de l'installation de la Cour, pour être transcrite sur ses registres, et rester déposée dans ses archives.

Discours adressé par M. Barbé-Marbois, *premier Président, à son Altesse Sérénissime Monseigneur l'Archi-Trésorier de l'Empire.*

MONSEIGNEUR,

La Cour des comptes vient d'être créée, et le premier sentiment qu'éprouvent les membres qui la composent, est la reconnoissance; nous la devons à la confiance dont l'Empereur nous donne aujourd'hui une marque si éclatante, et elle se joint à l'amour et au respect que lui porte la France entière pour tant de bienfaits répandus sur l'Empire : nous manifesterons notre gratitude, Monseigneur, en remplissant avec utilité pour l'Etat, avec honneur pour nous, les engagemens que nous avons contractés. Dépositaire et témoin de nos sermens, Votre Altesse Sérénissime connoîtra aussi nos travaux, et votre approbation sera notre première récompense. Les vérités que la loi nous prescrit de faire parvenir au pied du trône, y arriveront pures et dans toute leur force et majesté, puisque vous en serez l'organe. Veuillez, Monseigneur, dire à l'Empereur et Roi que sa Cour des comptes n'épargnera aucun effort pour justifier son choix : elle ose promettre à Sa Majesté plus que des efforts; tous nos devoirs seront remplis avec un zèle égal à leur importance, et qui répondra dignement aux desseins de justice et de bienfaisance qui ont porté l'Empereur à former ce grand établissement.

Monseigneur, c'est dans cette séance, mémorable et par son objet et par votre présence, c'est sous les auspices de ces grands hommes dont M. le procureur général vient de rappeler les noms illustres, que commence pour nous un nouvel ordre de devoirs et de travaux. Vous en êtes le premier guide; soyez-en long-temps le témoin : si nous y rencontrons des difficultés, nous les surmonterons sans doute, puisque nous n'aurons pas à chercher loin de nous les préceptes que nous devons observer et l'exemple que nous aimerons à suivre.

L'AN mil huit cent sept, le cinq novembre,

Nous Archi-trésorier de l'Empire, en exécution de l'article 56 du sénatus-consulte organique du 28 floréal an 12, portant que les fonctionnaires publics civils et judiciaires prêtent le serment suivant:

« Je jure obéissance aux constitutions de l'Empire, et fidélité à l'EMPEREUR ».

Et en exécution de l'article 9 du titre Ier de la loi du 16 septembre 1807, relative à l'organisation de la Cour des comptes,

Avons reçu en la grand'chambre de la Cour des comptes, où nous nous sommes transportés pour l'installation de ladite Cour.

(Suivent les noms des membres de la Cour, qui ont prêté serment entre les mains de S. A. S.)

TABLE.

FIN DE LA TABLE.

ANNONCES.

ESPRIT DU CODE NAPOLÉON, tiré de la discussion, ou Conférence historique, analytique et raisonnée du projet de Code civil, des observations des Tribunaux, des Procès-verbaux du Conseil d'Etat, des observations du Tribunat, des Exposés de motifs, des Rapports et Discours, etc. etc. dédié à Sa Majesté l'Empereur et Roi, par M. Locré, Secrétaire général du Conseil d'Etat, Membre de la Légion d'honneur.

Le 5me volume *in-4°*. de cet ouvrage, si impatiemment attendu, vient enfin de paraître; il contient le titre de la *Minorité*, de la *Tutelle* et de l'*Emancipation*, et le titre de la *Majorité* et de l'*Interdiction*. Ce volume termine le livre premier du Code, et complète l'importante et difficile matière des *Personnes*. — Le prix en est de 10 fr. pour Paris, et de 13 fr. franc de port par la poste.

Le prix des quatre premiers volumes est de 43 fr. pris à Paris, et de 55 fr. franc de port par la poste.

CODE NAPOLÉON, avec les changemens adoptés par le Corps Législatif, le 3 septembre 1807; précédé des Motifs de la Loi relative aux formes extérieures du Code, et suivi des Lois transitoires relatives aux Adoptions, aux Divorces et aux Enfans naturels; de l'Arrêté contenant le mode de délivrance des Dispenses relatives aux Mariages; de l'Arrêté contenant le Tableau des distances de Paris à tous les Chefs-lieux des Départemens; des Lois réglementaires et interprétatives rendues par le Corps Législatif pendant la session de 1807, sur le taux de l'intérêt de l'argent, sur les inscriptions hypothécaires, etc.; et d'une Table analytique et raisonnée des Matières. *Edition des Archives du Droit français.*

Prix pour Paris :	
in-32	3 fr.
in-8°.	6
in-4°. à mi-marge et sur papier collé	12

Ces trois éditions du Code Napoléon, très-belles, très-correctes et très-complètes, sont terminées par une Table analytique et raisonnée des matières, où sont posées les questions qui peuvent naître de chaque article. Cette Table, outre l'avantage de faciliter les recherches, offre au Lecteur un moyen infaillible de graver dans sa mémoire les dispositions du Code, en cherchant à résoudre chaque question, avant de voir le texte. Cette manière d'étudier a obtenu l'approbation d'un grand nombre de Professeurs et de Jurisconsultes célèbres; elle sera infiniment utile aux Etudians en droit, et à tous ceux qui veulent se pénétrer en particulier de chaque disposition du Code Napoléon.

Ces éditions offrent encore un avantage qui ne peut manquer d'être apprécié : on a disposé le numéro de chaque article de manière qu'il ressort à la marge, et ne se trouve pas confondu avec les lignes du texte; par ce moyen, d'un seul coup d'œil, on voit tous les numéros qui se trouvent dans une page, et les recherches deviennent excessivement *promptes* et *faciles*.

L'édition in-4°. à mi-marge est très-commode pour noter à côté de chaque article la disposition des Arrêts de la Cour de Cassation, des Cours d'Appel, etc. qui sont déjà intervenus ou qui interviendront par la suite, et qui doivent fixer insensiblement la jurisprudence du Code.

Il sera broché quelques exemplaires in-8°. avec des feuillets blancs; le papier qu'on y emploiera sera beau et bien collé. Le prix n'en sera augmenté que de 1 fr. 50 c.

Les prix des exemplaires tirés sur papier vélin sont doubles de ceux indiqués ci-dessus.

www.ingramcontent.com/pod-product-compliance
Ingram Content Group UK Ltd.
Pitfield, Milton Keynes, MK11 3LW, UK
UKHW020949180726
13838UKWH00003B/1223